Made in the USA
Monee, IL
09 November 2020

47090440R00056